瞑想でボディービルディングの精神力を養う:

感情をコントロールして潜在能力を発揮する方法

By

Joseph Correa

公認瞑想インストラクター

著作権

本書は、主題に沿った、正確かつ信頼のおける情報を提供しています。著者及び発行者は医学的なアドバイスを直接提供していないことをご了承ください。医学的なアドバイスをお求めの方は、医師と相談して下さい。また、本書はガイドとして捉え、健康を害する目的で使用しないで下さい。本書の瞑想と視覚化を始める前に、医学専門家と相談し、本書の内容がご自身に相応しいかご確認ください。

謝辞

私の夢をいつも後押ししてくれている友人と家族に感謝しています。

目次

瞑想でボディービルディングの精神力を養う:

感情をコントロールして潜在能力を発揮する方法

By

Joseph Correa

公認瞑想インストラクター

著者について

公認瞑想インストラクターとして、私は心が抑制しているパワーの存在を強く信じています。

私はプロ選手なので、心の状態やプレッシャーがパフォーマンスに及ぼす影響をよく理解しています。

人生が変化した3つの重要事項は、栄養、柔軟性、**精神環境**の向上で、全てウェイトトレーニングからものです。これらはパフォーマンスと人生に大きな変化をもたらしました。

瞑想と視覚化で感情をコントロールし、試合前から試合中のイメージが出来るようになりました。

ヨガやストレッチを長時間続けると、心の傷がほぼ完全に癒され、反応やスピードを改善することが出来ました。

食事の栄養摂取を改善したら、以前は筋肉痙攣を起こしていたような厳しい環境下でも運動を続けることが出来るようになりました。

瞑想と視覚化は、どのような運動環境に直面してもそれくらいの劇的な効果を発揮できるのです。時間をかけるほどそのパワフルな効果を実感できるでしょう。1 日 10 分間は呼吸法、集中思考法、集中法を実施して下さい。

瞑想と視覚化の知識と長期的な実践で、私は1年中健康でいられるようになりました。このおかげで、私の人生は全ての面において一層充実したものになっています。頭を使ってご自身を発達させる分得る物も多くなります。その結果瞑想と視覚化を続けたいと思うようになったのです。

今すぐ瞑想と視覚化を学んで実践し、皆さんの真の力を解放しましょう!

まえがき

瞑想は皆様の真の力を解放できる最も有効な手段の一つです。正しい食生活と練習を実践することは、真の力を解放する 2 種類の手段となりますが、まだほかにも手段は存在します。3 つ目は、瞑想から得られる精神的忍耐力です。

定期的に瞑想をする選手は以下の効果を得られます:

- 試合にもっと自信を持って臨める。
- ストレスの度合いが軽減される。
- 長時間集中力を保てる。
- 筋肉の疲労が減る。
- 試合後や練習後の快復が早くなる。
- 緊張をうまく克服できるようになる。
- プレッシャーを感じても気持ちをコントロールできる。

選手にとっていいこと尽くしですね？

真の力を解放したい時、選手の皆さんは大抵身体機能と栄養摂取の改善に専念しますが、瞑想や視覚化など、内なる力の解放を見過ごしがちです。身体運動から身体的効果を望むのは一般的ですが、瞑想で身体の健康とパフォーマンス能力を改善できることを知っている選手は多くいらっしゃらないでしょう。

パフォーマンスの最高潮に達するには、身体と精神両方を訓練し、刺激することが大切です。これを視野に入れないと、次のレベルまで行きつけない主な要因となってしまうことがあります。実力を最大限に引き出すには、身体と精神の鍛錬が必要だと認識しましょう。

瞑想のエクササイズは身体を鍛える時と同じで、訓練するにつれ発達していきます。

身体の状態、適切な栄養摂取、瞑想の３つこそが最善のパフォーマンスを達成できる鍵なのです。多くの選手は他人の目が気になってルックスにこだわり、瞑想にあまり気を配りません。

瞑想の結果は目に見えないもので、心理状態や感情をコントロールできる精神能力に作用します。瞑想のセッションを開始すれば、多くの選手がなかなか打ち勝てず、真の能力を発揮できない要因となる不安感、プレッシャー、ストレスに対処する能力を著しく改善できます。

生活に瞑想を取り入れて、限界を超えて前進しましょう！

瞑想とは？

瞑想は、穏やかな気持ちで何かに集中する状態を保つことです。瞑想と普段の思考は全く異なったものです。瞑想中はぼんやりとせず、雑念も持たずに集中力だけが高まっています。

瞑想には高い集中力を要するので、外の音が届いて集中力が遮断されないような、気が散らない環境に身を置くことが大切です。

普段の思考力は数秒で終わってしまうかもしれませんが、瞑想では思考力とリラックスした状態が最低５分以上、好きな長さだけ持続させることが出来ます。

普段は様々なことを考えると思いますが、瞑想では１つのことに集中します。時には瞑想ではっきりとした精神状態の維持に集中することもあります。

瞑想は宗教に役立つこともありますが、本書では宗教には無関係の目的で使用します。

心を落ち着かせたい場合や、精神的なバランスを求めている時は、昼夜問わず、いつでも瞑想を実践できます。

瞑想が上達するにつれて気が散らないようになり、心をすぐに落ち着かせることが出来ます。こうしてすぐに集中力を切り替えられるようになるのです。

瞑想ではネガティブな考え方、ストレスのたまる状況、その他心を遮る要因を追い出し、集中したい事項により集中力を集められるようになります。

力を最大限に発揮するには、心を落ち着かせ、気が散らないようにし、目の前の障害物を精神的に乗り越えることが必要です。

第一章: 瞑想の効果は？

瞑想の効果は、身体的、精神的、感情的、スピリチュアルな面で効果を奏します。

身長、頭の良さ、速さなどに関係なく、誰でも瞑想を上達させることが出来ます。

瞑想は先進的に非常に有意義ですが、他の人よりもさらに効果を実感できることがあります。

瞑想は、世界中の多くの選手が抱えがちな不安感を取り除く働きがあるので、非常に重要です。瞑想で、ストレスと不安感を抑制し、生活からできるだけ排除できます。

実は、瞑想でストレスをコントロールし、ストレスが引き起こす健康問題を軽減することもできます。ストレスは睡眠の妨げになり、皆さんの考え方、仕事のパフォーマンス、我慢強さ、寛容さに影響します。

瞑想がストレスをコントロールするのに最適な方法の一つです。ですから、皆さんは気軽に生活に瞑想を取り入れ、毎日精神的に健康的な状態を保てますよ。

身体的効果

身体的効果を望む選手は大抵身体的エクササイズで効果を得られると考えています。例えば、身体的エクササイズにはランニング、サイクリング、水泳、散歩、ウェイトトレーニングがあります。体の健康に身体的エクササイズが効くのはもちろんですが、瞑想をすると、違った形で効果が出ます。

瞑想で得られる身体的効果を以下に挙げます:

1. **心拍数を減らせます。**感情をうまくコントロールできるようになるからです。ストレスと不安を感じると心拍数が増えます。これをコントロールできるようになれば、常にプレッシャーを感じている時に効果的です。

2. **血圧が下がります。**瞑想で心拍数だけでなく、血圧も下がります。高血圧は心臓病や脳卒中の要因となります。食べ物など、様々なものが血圧を上げます。瞑想は血圧上昇の抑制に大きな力を発揮します。

3. **筋肉の緊張をコントロールできるようになります。**筋肉が張っている選手は筋肉の均衡が保てない事が多く、筋肉をリラックスさせる方法を知っている人よりも肉離れを起こしやすい傾向にあります。瞑想した後は、回復が早くなり、疲れを感じにくくなります。筋肉の緊張が取れたら、休息時間の質が良いので筋肉が早く回復します。高レベルで争う選手にとって、この効果はなかなか見過ごせないものでしょう。

4. **ストレスの多い環境でも冷静でいられます。**感情をコントロールできると、計画通りの物事が進んでストレスの多い状況に追い込まれても冷静でいられます。

5. **不安と恐怖に立ち向かえるようになる。**物事を最初に心で考えられるようになると、多くの選手は不安や恐怖感が薄らぎます。そうすればもっと準備でき、自信を持てるようになります。

6. **免疫システムを強化できます。**ストレス、不安感、血圧を軽減し、及び質の良い休息をとれるようになれば、強く、健康的で、エネルギッシュになれます。
7. **身体訓練の後でも回復が速くなります。**瞑想は免疫システムの反応を強化できるので、ワークアウトセッション後の回復も早くなります。 常にプレッシャーを感じたり、急かされたり、深刻なストレスを感じる環境にいる方に多いですが、免疫システムが弱くなると、精神的に疲れてワークアウトセッションが終わってもなかなか元の状態に戻れなくなってしまいます。毎日瞑想できれば、皆さんの回復が早くなり、もっとエネルギッシュに次のトレーニングに励むことが出来るでしょう。

瞑想をすると得られる共通の身体的効果を挙げました。瞑想は運動を全く要しませんが、それが身体的に影響を与えるとは考えないで下さい。

精神的効果

お察しの通り、瞑想の精神を統一させる練習なので、精神的効果は非常に大きいです。

主要な精神的効果を挙げていきます:

1. **怒りに適切にアプローチできるようになります。** 何の理由もないのにすぐに怒りを発散する選手がいます。第一の効果は怒りが軽減されることでしょう。感情をコントロールできるようになるからです。感情に打ち勝てるようになるので、日頃から怒りっぽい方は、瞑想すれば感情を抑えることができます。

2. **集中力が増します。** 瞑想すれば長期的に集中できるようになります。これは瞑想で得られる効果で特筆すべき事項です。瞑想すれば、気が散らずに課題に集中できます。

3. **自信がつきます。** 定期的に瞑想をしている選手は、もっと自信がついた方が多いようです。人生の出来事をコントロールできるようになることが、自信につながるのです。自尊心が養われれば、他の人と話している時も、目標を達成しようとしている時も、自信が外に表れます。瞑想をすると、自分を強く感じられるようになります。多くの選手は、ストレスが軽減するだけでも、十分それが日頃瞑想をする動機になります。

4. **もっとリラックスできます。**意識を集中させながら呼吸し、目を閉じると気分が落ち着いて、リラックスできます。

本書ではスピリチュアルな効果はご紹介していませんが、このトピックに関心をお持ちの方は研究してもいいかもしれませんね。

第２章: 選手が瞑想から得られる効果とは？

瞑想はストレス、不安感、集中力、緊張感などの様々な理由で選手が活用しています。選手は回復力が速くなることから、パフォーマンスの上達にも役立ちます。集中力が高まり、筋肉の疲労が軽減するので、トレーニングセッションの質も高くなるでしょう。選手は試合前も試合中も、緊張の和らぎを実感できるでしょう。そうすれば試合を有利に、自信を持って進められます。

定期的に瞑想を続ければ、プレッシャーがかかっている場合や、予期しない自体が発生しても集中を持続できるようになります。そうすれば、パフォーマンスのレベルはどんどん上がっていくでしょう。

心臓疾患のある選手は、瞑想から大きな効果を得られます。医師達は瞑想を処方に出すようにまでなりました。瞑想は人生を変えるような素晴らしい経験となり得るのです。毎日受けるストレスを減らすだけで、選手は血圧を下げ、もっとトレーニングを積んで競争性を強化できます。あまり知られていませんが、ストレスによる食べすぎも防げるので、最高のパフォーマンスができるようになります。瞑想を繰り返すうちに生活の様々な状況をコントロールできるようになる選手もいます。また、瞑想でストレスが直接減るだけでなく、心臓疾患のリスクも減ります。

適切に計画を立てずにやみくもに食事をしていると、体重が減りづらくなってしまいます。ストレスが過食の要因となっている場合、瞑想は体重減少にも効果的です。

悪い習慣を改めようとしている選手は、なかなか古い習慣を断ちきれないことが多いでしょう。瞑想をすれば、喫煙、飲酒、アルコール、神経過敏、気性の荒さ、およびその他望ましくない生活習慣をコントロールできるかもしれません。欲求を軽減できるからです。瞑想中にゆったりとした心構えで呼吸法のテクニックを使えば、悪い習慣を克服できるでしょう。その習慣がストレスや怒りが要因の場合は、さらに効き目を実感できるでしょう。

欝や不安感の症状でお悩みの選手は主にストレスの影響を受けています。定期的に瞑想を行えば、悪い健康状態を改善に導けることがあります。瞑想中は感情を容易にコントロールし、将来全般を明るく捉えられるようになります。試合の結果や過去の成績を気にしすぎる選手は多いようですが、現在とは無縁ですし、栄養摂取を改善し、瞑想すれば現在の力を最大限に発揮できるようになります。感情をうまくコントロールできるようになりたい方は、瞑想で気分が落ち着き、ストレスを感じる状況でもそれに圧倒されないようになるでしょう。

第３章:ボディービルディングにぴったりの瞑想

心の集中

心の集中を維持している時、選手は心に入る全ての感情を感じつつ、今という時に常に留まって下さい。

この種の瞑想では、呼吸パターンを自覚しつつ、呼吸法の練習をしている間もそのパターンを維持させる方法を学びます。呼吸法を変える必要がある他の種類の瞑想と違い、この瞑想方法は受動的です。心の集中は、世界中でよく使用されている種類の瞑想方法です。選手も大きな効果を期待できるでしょう。

集中瞑想

瞑想している選手は、気持ちを解決したい特定の問題、感情、物事に集中させます。

注意を全く逸らすことなく、１つの音や気持ちに集中します。この状態をできる限り維持し、次に達成したい課題に集中します。

最初の音、物事、気持ちにそのまま集中するか、他の物事や気持ちに切り替えるのもあなた次第です。

動作瞑想

動作瞑想もぜひ試して頂きたいです。この種類の瞑想は、手で流れるような動作をしながら肺に空気を出し入れする呼吸パターンです。最初は目を閉じたまま動くのに抵抗があると思いますが、その内リラックスしてきて、全身の健康が改善されているのに気づくでしょう。

この瞑想を行うと、心から身体への繋がりが最適化されます。特に常に動きまわりたく、じっとしていられない方にお勧めです。動作はゆっくりと、反復させて行います。コントロールできる分効果を期待できます。速い場合や、乱雑に行った場合は瞑想の効果を得られません。

ヨガをしている方にとって、この形態の瞑想は呼吸法と動作がヨガとよく似ているので、お好み頂けるかもしれません。両社もご自身と感情をコントロールできるようになります。ヨガをしたことのなく、瞑想の経験がある方は、ヨガをベースとしたエクササイズでウォーミングアップすると動作瞑想が容易になると気付かれるかもしれません。ヨガをして、自然に瞑想に入っていきやすくするのが目標です。ヨガは柔軟性と筋力の改善に集中しますが、動作瞑想は、精神状態とゆっくりとした呼吸法に重きを置いています。

マントラ瞑想

マントラ瞑想は気持ちにさらに集中し、瞑想の効果を最大限に引き出します。

マントラ瞑想では、マントラを復唱することが瞑想のプロセスになります。

マントラには音、言葉、お祈りなどがあり、それを唱え続けます。

これはスピリチュアルな瞑想でとは全く異なるものです。マントラ瞑想は、心の集中、動作瞑想と同様に集中する瞑想の種類に入ります。

人はそれぞれ異なるので、目標の達成に向けて１種類の瞑想だけにこだわる必要はありません。様々な種類の瞑想を好きな順番でお試しください。

第 4 章: 瞑想の準備

瞑想の種類を決めたら、瞑想の準備方法を学びましょう。瞑想のプロセスを急ぎ過ぎする全体的な効果が減ってしまうので、ご注意ください。

設備: 瞑想する場所にマット、ブランケット、タオル、あるいは椅子を用意します。

タオル(旅行中や出かけている時に便利です)が好きな方や、マットをひいて座るか、寝転がりたい方もいらっしゃいます。安定感があり、かなりリラックスしても居眠りせずにすむ椅子を好まれる方もいます。

私の場合、ヨガマットをひくと集中し、リラックスできます。ヨガやあまり体を動かさないストレッチでウォームアップするので、すでにいつもマットをひいてありますが、旅先では厚手のタオルを使います。

感情を適切な状態に保つには快適さが必要なので、ご自身に合った設備を整えて下さい。

時間: あらかじめ瞑想時間を決めておきましょう

瞑想する前に、あらかじめ目的と瞑想時間を決めておきましょう。ポジティブな心持や、呼吸法などシンプルな目的でしたら、5~１５分を目安にしましょう。課題に集中して答えを導きたい時は、まず呼吸パターンでリラックスしてから課題の解決案に集中するとよいでしょう。この場合、瞑想の経験によって１０分から１時間以上かかることがあります。さらに、リラックスした状態になり、問題と向き合えるようになるまでにかかる時間にもよるでしょう。

あらかじめ中断せずに、その場に滞在して瞑想する時間を決めましょう。例えば、お腹がすいたり、子供達が部屋に入ってきたり、トイレに行きたくなったりしたくなることがあるでしょう。このような気が散る物事についてあらかじめ注意しておきましょう。

場所: 清潔で、静かで、快適な空間が瞑想にぴったりです

気がまぎれず、完全にリラックスし、気持ちがすっきりする場所を選びましょう。快適でリラックス出来れば、場所はどこでも構いません。公園の芝生、家の部屋、トイレ、静かで何もない部屋、車内でもよいでしょう。すべてご自身次第です。近くに職場

があるか、なり止まない携帯がある場所は避けて下さい。携帯の電源は切りましょう！携帯電話など、常に気が散る多少物がある場所で瞑想しても、然るべき効果を得られません。

適切な場所は、共通して静かで、清潔で、涼しい温度(暖かすぎると眠くなり、寒すぎると立ちあがって動き回りたくなるからです)で、気が散る物がないところです。

準備 PREPARATION: 体を瞑想できる状態に整えましょう

瞑想する前に、体をリラックスさせて準備を整えましょう。シャワーを浴びても、ストレッチをしても、快適な服を着てもいいでしょう。

瞑想をする３０分前には食事をすませましょう。そうすれば空腹にも満腹にもならないからです。瞑想前の食事は、粗食がおススメです。栄養摂取については、以降の章で後ほどお伝えします。

ウォームアップ: ヨガやストレッチでリラックスしましょう

ヨガをしたことのある方は、リラックスはどのようなものかご存じでしょう。ヨガをしたことがない方は、リラックスして落ち着けるヨガはおススメです。瞑想する前に必ずヨガをする必要はありませんが、ヨガは効果を最大限に引き出し、すぐにリラックスするのに効果的です。すぐにリラックスして、適切な心理状態に切り替えましょう。呼吸エクササイズを取り入れ、心地よくリラックスできるストレッチもおススメです。

メンタリティー: 深呼吸して、心を落ち着かせましょう

呼吸自体は簡単ですが、呼吸法の習得には時間がかかります。呼吸法を習得すると、様々な効果を得られます。

激しい試合が終わった後でも回復が早くなるでしょう。さらに、息を切らした状態でも集中力を持続できるようになります。選手の方は、呼吸法を習得して下さい！肺に出入りする空気の流れに着目し、体の膨張と収縮の状況をチェックしましょう。鼻と口から空気が出入りする時の流れを感じ、音を聞けば、

さらにリラックスし、呼吸に的確に集中できるようになります。息を吸って吐く時に、なるべくリラックスできるよう集中して下さい。酸素が肺を満たすたびに、体にエネルギーが補給され、前向きに気持ちになれるでしょう。

環境：気が散らずにリラックスできるＢＧＭを流してみましょう。

瞑想音楽でリラックスしやすくなれる場合は、ぜひ瞑想セッションに取り入れて下さい。音楽だけでなく、ご自身が少しでも集中してリラックスできるようになる物があれば、ぜひ取り入れましょう。

音楽無しの方がすっきりする方は、瞑想中に音楽は控えて下さい。

私の場合、音楽を使用しないようにしています。私は音楽を聴くと他の事を考えたりして違った方向に気持ちが動いてしまうからです。これは私自身のケースで、音楽があう方もいらっしゃるでしょう。両方試してみてから検討してもよいかもしれません。試合前に音楽を聴くと、リラックス出来たり、心構えが出来たりする選手もいらっしゃいます。ご自身にベストな手段を探し、それを維持しましょう。

瞑想の姿勢

瞑想の姿勢は、基本的にご自身にぴったりな方法を選ぶと良いでしょう。姿勢に良し悪しはなく、ご自身が最も集中できる姿勢を選びましょう。椅子に座っている方は背中に支えがありますし、地面についている状態が好きでトをルに座る方を選ぶ方もいらっしゃいます。

柔軟性に自信のない方は、蓮華座は姿勢を長時間保つのが難しいので、最初から試さない方がよいでしょう。瞑想中に決められた時間内で同じ姿勢を取り続けられなかったら、違う姿勢を試してみて下さい。

座位

座位は簡単です。落ち着かない、または心地よすぎて眠くなってしまうような椅子は避けて下さい。座った時は背筋をまっすぐにし、足が床につくようにして下さい。そうしないと背部痛が起きてしまします。中には柔らかい枕を使って椅子の座り心地をようする方もいらっしゃるようです。

正座

正座する時は靴と靴下を脱いで下さい。柔らかいマットか、折りたたんだタオルをお尻と足の間にひくと快適ですよ。背筋をぴんと立てリラックスし、肺でできるだけゆっくりと呼吸を続けましょう。この呼吸法をできるだけ続け、肺から流れるような空気の流れで強いコネクションを築くことが大切です。

ビルマ姿勢

ビルマ姿勢とバタフライストレッチの姿勢はよく似ていますが、足の位置が違います。床に座って脚を開き、膝を曲げて足を脚の内側に置いて下さい。膝はなるべく低い位置にキープして下さい。落ち着かないようでしたら、他の姿勢をお試しください。手は体の両側に置くか、祈るように交差させて下さい。背筋はピンと立て、額は正面を向き、空気をしっかりと肺で循環させましょう。これは上級者向けの姿勢です。ですから、リラックスできなかったら、最初からこの姿勢を取り入れる必要はありません。

蓮華座

蓮華座はビルマ姿勢と似ていますが、少々違うところがあります。脚を腿の上にのせますが、ビルマ姿勢では手は体の両側に置くか、祈るように交差させます。

私の場合、膝が不快になるので、瞑想セッションには使用していません。痛みを感じない場合はぜひお試しください。痛みを感じていたら、呼吸と平静に集中できなくなるからです。この姿勢がお好みでなかったら、他の姿勢を試して下さい。

寝そべる姿勢

マット、タオル、ブランケットに横になり、足と手をリラックスさせて下さい。手を体の両側に置き、脚を上向きにして下さい。両手はお腹の上に優しく置いてもいいですが、両側に分かれるようにして下さい。頭は天井や空の方向に保ちます。傾けたら、長時間集中し辛くなりますし、首が痛むこともあります。居眠りせずに正しく実行すれば、これは瞑想にぴったりの姿勢です。もし合わなかったら、違う方法をお試しください。

バタフライポジション

マットやタオルに座り、脚を開いたまま両足の裏をつけます。脚は上にあがったり、床についたりすることもありますが、快適でリラックスできていれば、問題ありません。背筋をまっすぐにし、バランスを取るようにしましょう。

第 5 章: 全選手のパフォーマンスが向上する瞑想の呼吸パターン

呼吸パターンで瞑想のペースが整いますし、集中力が高まります。

瞑想で心に集中するには、集中しつつ、呼吸にも注意し続けることが大切です。目標は、呼吸のコントロールではなく、肺に空気を取り入れ、周囲に出す感覚を感じて下さい。この瞑想の呼吸プロセスには鼻のみを使用して下さい。

他の瞑想の種類でも、呼吸パターンが非常に重要になってきます。全ての呼吸パターンで鼻から吸い、口から吐きます (心に集中する時は鼻だけ使います)。

瞑想環境を充実させるには、心拍数を落ち着かせる必要があり、それには呼吸法は重要となってきます。呼吸パターンを用いれば集中力もアップします。練習していくうちに呼吸法は自然に身についていくでしょう。どの速度の呼吸パターンが合っているかも見極めておくことをお勧めします。遅めだとリラックスしますし、速めだとエネルギッシュになります。

遅い呼吸パターン

呼吸を遅くするには、空気をゆっくりと時間をかけて取り入れ、ゆっくりと吐きだします。選手は、トレーニング後や試合の１時間ほど前にすると効果的です。吸う時と吐く時の呼吸量が違うとリラックスの加減や目標を達成するための能力を発揮できるかが変わってきます。

遅めの通常呼吸パターン: ５つ数えながら鼻からゆっくりと息を吸います。そして、５から１まで数えながらゆっくりと吐きだします。完全にリラックスし、集中できる状態になるまで４～１０回繰り返して下さい。この呼吸パターンを使用する場合、選手は鼻から息を吸い、口から吐くようにして下さい。

遅めの延長呼吸パターン: ７つ数えながら鼻からゆっくりと息を吸います。そして、７から１まで数えながらゆっくりと口から吐きだします。完全にリラックスし、集中できる状態になるまで４～６回繰り返して下さい。

運動が激しい選手におすすめの遅い呼吸パターン: ３つ数えながら鼻からゆっくりと息を吸います。そして、６から１まで数えながらゆっくりと口から吐きだします。完全にリラックスし、集中できる状態になるまで４～６回繰り返して下さい。この呼吸パターンだと、否が応でも呼吸が遅くなります。最後は吸う時も吐く時も４秒以内で締めて下さい。

非常に遅い呼吸パターン: ４つ数えながら鼻からゆっくりと息を吸います。そして、１０から１まで数えながらゆっくりと口から吐きだします。完全にリラックスし、瞑想できる状態になるまで４～６回繰り返して下さい。これで否が応でも呼吸が遅くなります。最後の２回は吸う時も吐く時も４秒以内で締め、空気を吸う量と吐く量を安定化しましょう。

瞑想前に安定するための呼吸パターン: すでに落ち着いていて、すぐに瞑想を始めたい場合はこちらをお勧めします。３つ数えながら鼻からゆっくりと息を吸います。そして、３から１まで数えながらゆっくりと吐きだします。完全にリラックスし、集中できる状態になるまで７～１０回繰り返して下さい。この呼吸パターンを使用する場合、選手は鼻から息を吸い、口から吐くようにして下さい。

速めの呼吸パターン

速めの呼吸パターンは選手にエネルギーをもたらし、競争心を養うのにぴったりです。この呼吸パターンは視覚化のときに最も有効ですが、瞑想にも効果的です。とても落ち着いていて、もっと感情をコントロールしたい選手にも、瞑想前にお勧めです。

速めの通常呼吸パターン: ５つ数えながら鼻からゆっくりと息を吸います。そして、３から１まで数えながらゆっくりと吐きだします。完全にリラックスし、集中できる状態になるまで６～１０回繰り返して下さい。この呼吸パターンを使用する場合、選手は鼻から息を吸い、口から吐くようにして下さい。

速めの延長呼吸パターン: １０つ数えながら鼻からゆっくりと息を吸います。そして、５から１まで数えながらゆっくりと吐きだします。完全にリラックスするまで５～６回繰り返して下さい。最初に１０数えるまで息をすえなかったら、７から８までに留めて下さい。鼻から息を吸い、口から吐くように集中して下さい。

試合前の呼吸パターン: ６数えながら鼻からゆっくりと息を吸います。そして、一気に口から吐き出して下さい。完全にリラックスし、集中できる状態になるまで５～６回繰り返して下さい。最初に１０数えるまで息をすえなかったら、７から８までに留めて下さい。鼻から息を吸い、口から吐くように集中して下さい。最後の２回は吸う時も吐く時も４秒以内で締め、空気を吸う量と吐く量を調節しても良いでしょう。

これらの呼吸パターンは全てパフォーマンスに効果があるので、エネルギーや緊張の具合によって試合中に取り入れるとよいでしょう。

試合前に緊張する選手は、ぜひ遅めの呼吸パターンを取り入れて下さい。

試合前に緊張する選手は、ぜひ遅めの呼吸パターンを取り入れて下さい。

また、試合前にエネルギッシュになりたい選手は、速めの呼吸パターンを取り入れましょう。

不安を感じている時は、遅めの呼吸パターンをから速めの呼吸パターンに切り替えると最善の結果を得られるでしょう。

トレーニングセッションや試合の最中に疲れたり息切れしたりする時は、速めの通常呼吸パターンにすると回復が早くなりますよ。

呼吸パターンで集中度を調節できるので、エネルギーをセーブし、早期回復を見込めます。

第６章:ボディービルディングのための食事と瞑想

瞑想から理想的な結果を得るには、バランスのとれた食事が大切です。瞑想は、自分を向上させることが目標ですが、適切な栄養素を摂取する ことでさらに目標に近づけます。正しく食事をすれば、さらに長時間エネルギーが出ます。これで、長時間集中できるようにもなります。脂肪の少ないプロテイン、オメガ脂肪酸、野菜、豆類、水分を瞑想前に摂取するとよいでしょう。必要な量のカロリーを適切に取得して下さい。

血中の糖分が過剰だと瞑想が失敗してしまうでしょう。試合でもそうですが、精糖は体によくありません。瞑想中に眠くなるので、食べすぎてお腹一杯にならないようにして下さい。食事が少なすぎてもお腹が空いてしまい、瞑想を長時間できなくなり、思うような結果が出ません。

瞑想の６０～７５分前に食事を済ませれば、消化の時間も十分取れるので、瞑想に理想的です。

脂肪の少ないタンパク質

脂肪の少ないタンパク質は筋肉細胞の修復に欠かせませんし、ホルモン濃度を正常に保ち、怒りなどの

感情をコントロールできます。脂肪の少ないタンパク質は、以下の食品から取れます:

- 七面鳥胸肉 (養殖でないものがよいでしょう)。
- 脂肪の少ない赤肉 (養殖でないもの)。
- 卵白
- 乳製品全般ほとんど。
- 鶏胸肉(養殖でない)。
- キヌア
- ナッツ類全般

オメガ脂肪酸

オメガ脂肪酸は頭など身体機能に不可欠で、手軽に摂取できます。オメガ脂肪酸は一般的に以下の食べ物に含まれています:

- 鮭(養殖でない)
- クルミ (スナックに最適です)
- アマニ (シェイクに入れると手軽です)
- イワシ

脳機能と脳健康の改善を実感できるでしょう。免疫システムも強化され、がん、糖尿病、その他深刻な健康問題も予防できます。

野菜と豆類

野菜と豆類はあまり重要視されていません。好きな野菜を食事に取り入れましょう。年数を重ねていくごとに効果を実感できるでしょう。バランスのとれた食事が大切だと誰かが話していたら、そこの野菜も含まれていることを忘れないで下さい。食事に取り入れるとよい野菜と豆類は以下の通りです:

- トマト
- にんじん
- ビート
- ケール
- ほうれん草
- キャベツ
- パセリ
- ブロッコリー
- キャベツ
- 芽キャベツ
- レタス
- 大根
- パプリカ
- きゅうり
- ナス
- アボカド
-

野菜を色どりよく食べて、様々なビタミンとミネラルを摂取しましょう。

果物

果物には体に必要なビタミンが多く含まれています。果物の抗酸化物質は、回復を速める効果があるので、選手にぴったりです。トレーニングや試合の後は、抗酸化物資の多い果物を食べるようにしましょう。果物には食物繊維もあるので、食べ物の消化が容易になります。瞑想前に食べるとよい果物を以下に挙げます:

- リンゴ(緑と赤)
- オレンジ
- 葡萄(赤と緑)
- バナナ
- グレープフルーツ(酸っぱい方が、抗酸化物質が多いです)
- レモンとライム(水と混ぜて飲むといいです。私は外出する時にレモン水を注文します。抗酸化物質が豊富で体に良いですよ)。
- サクランボ(天然)。
- ミカン
- スイカ
- マスクメロン

水分

水分は過ごされがちで、十分に摂取している人はあまりいません。水分の一日摂取量に、果物のジュースとミルクはカウントできません。心血管系のトレーニング量によっては必要摂取量以上の水分を摂取することが大切です。一般的に１日８杯以上水分を取るとよいですが、選手の場合は１０～１４杯は必要です。

水を４リットル持ち運ぶようになってから、系ン港状態が著しく改善されました。

私自身も実感した多くの方が望める効果は以下の通りです:

- 頭痛が軽減される(脳には水分が必要です)
- 消化改善
- 日の疲労が軽減される。
- 朝もっとエネルギッシュになれる。
- しわが目立たなくなる
- 筋肉痙攣(多くの選手が悩んでいます)がなくなる
- 集中力が高まる(瞑想に効果的です)。
- 間食でおやつやスナックを食べたくなくなる。

瞑想に有効なレシピの例

瞑想前に摂取するとよい控え目な食事をご紹介します。材料や量はお好みで調節して下さい。

瞑想前にお勧めの朝食

1. 手軽な朝食

異化状態から脱出して筋肉増強に備えるには、プロテインと炭水化物が多めの朝食が良いでしょう。グレープフルーツとアスパラガスで、一日に必要なビタミンCが半分以上取れます。

材料(１人前)

卵白６個分

調理済みキヌアと玄米のミックス 1/2 カップ

アスパラガスの芽 3 個 (スライスする)

ピンクグレープフルーツ半分

パプリカ(小)のスライス１個

プロテインパウダー１杯

にんにく 1 片(すり潰す)

オリーブオイルスプレー

塩・コショウ

準備時間：１０分

調理時間：１５～２０分

作り方:

オーブンを２００度に温め、鉄製の調理なべにオリーブオイルを軽くスプレーします。

中位のボウルに卵白と塩・コショウひとつまみを入れて、泡立つまで混ぜます。

調理済みの玄米とキヌアを調理なべに入れ、先程の卵白と、アスパラガスのスライス、赤ピーマンのスライスを川えて下さい。

１５～２０分、卵に火が通るまで焼いて下さい。

１人前の栄養価: 407kcal, プロテイン 52g, 炭水化物 40g (食物繊維 5g, 糖分 8g), 脂質 2g, カルシウム 15%, 鉄分 12%, マグネシウム 19%, ビタミン A 26%, ビタミン C 63%, ビタミン K 48%, ビタミン B1 12%, ビタミン B2 69% , ビタミン B9 26%。

2.　完璧なボウル料理

相応しい名前の付いた朝食です。この料理にはプロテインが多い卵白とエネルギー補給に最適のオートミールが入っています。クルミには健康的な脂肪分があり、はちみつで全体的に甘みが加わります。

材料(１人前)

卵白 6 個分

調理済みインスタントオートミール½ カップ

クルミ 1/8 カップ

ベリー類¼ カップ

生はちみつ小さじ 1

シナモン

準備時間：１０分

調理時間：５分

作り方:

卵白を泡立つまで混ぜて調理なべに入れ、弱火で加熱します。

オートミールと卵白をボウルで混ぜ、シナモンと蜂蜜を入れて再度かき混ぜます。

てっぺんにベリー類、バナナ、クルミをトッピングして下さい。

１人前の栄養価: 344kcal, プロテイン 30g, 炭水化物 33g (食物繊維 3g, 糖分 23g), 脂質 11g(飽和脂肪 2g), 鉄 10%, マグネシウム 15%, ビタミン B1 10%, ビタミン B2 11%, ビタミン B5 15%。

3.　パプリカのツナ詰め

簡単にできる栄養価の高いご飯です。ビタミンB12を豊富に摂れます。ツナにはプロテインが多いので、筋肉増強に効果があります。炭水化物も摂取したい場合は、全粒分のトーストを加えても良いでしょう。

材料（２人前）：

ツナの水付け缶詰２缶（185g）、半分くらい水気を切る

固ゆで卵 3 個 hard-boiled eggs

新タマネギ 1 個（みじん切り）

ピクルス（小）５個（さいの目切り）

塩・コショウ

パプリカ４個（種を取る）

準備時間：５分

調理時間：１０分

作り方:

ツナ、卵、新タマネギ、ピクルスと調味料をフードプロセッサーで滑らかになるまでかき混ぜます。

混ぜた材料を半分に割ったパプリカに入れて完成です。

１人前の栄養価: 480kcal, プロテイン 46g, 炭水化物 8g (食物繊維 2g, 糖分 4g), 脂質 16g(飽和脂肪 4g),マグネシウム 28%, ビタミン A 94%, ビタミン C 400%, ビタミン E 12%, ビタミン K 67%, ビタミン B1 18%, ビタミン B2 32% , ビタミン B3 90%, ビタミン B5 20%, ビタミン B6 56%, ビタミン B9 18%, ビタミン B12 284%。

4.　アマニとリンゴのギリシャヨーグルト

一般的な卵白で筋肉増強を図るだけでなく、プロテインが豊富なギリシャヨーグルトをリンゴで味付けしましょう。アマニを加えることで、食物繊維摂取が促進され、一晩水につければ消化しやすくなります。

材料(１人前):

ギリシャヨーグルト 1 カップ

リンゴ１個(薄切り)

アマニ小さじ 2

シナモン小さじ¼

ステビア小さじ 1

仕上げの塩

準備時間：５分

調理時間：４５分

作り方:

オーブンは１９０度に温めておきます。リンゴの薄切りをこびりつき防止加工済みのフライパンに入れて、シナモン、ステビア、塩少々を振りかけます。ふたをして、柔らかくなるまで４５分間焼いて下さい。オーブンから取り出し、３０分間冷まします。

ギリシャヨーグルトをボウルに入れ、上にリンゴとアマニをのせれば完成です。

１人前の栄養価: 422kcal, プロテイン 22g, 炭水化物 39g (食物繊維 7g, 糖分 22g), 脂質 21g(飽和脂肪 8g), カルシウム 14%, マグネシウム 22%, ビタミン C 14%, ビタミン B1 24%, ビタミン B12 13%。

5.　パプリカの輪の'健康ひき割り'

美味しくて見栄えもよいご飯です。パプリカの輪の'健康ひき割り'で、筋肉に活力を与え、１日分のエネルギーを補給できます。カラフルで栄養価が高いこの朝食レシピは、B1 も豊富です。

材料(１人前)：

卵白 6 個

卵 2 個

玄米のひき割り¼ カップ

生ほうれん草 1 カップ

青ピーマン半分

プチトマト 1 カップ

オリーブオイルスプレー

塩・コショウ

準備時間：１０分

調理時間：１５分

作り方:

卵白と塩・コショウひとつまみを泡立つまで混ぜます。こびりつき防止加工済みのフライパンに油を少々入れて加熱し、卵白とひき割りを調理します。ほうれん草を加えて混ぜたら、ほうれん草がしんありするまで加熱します。

調理なべにオリーブオイルを軽くスプレーし、中火で加熱して下さい。ピーマンを水平に切って輪を２つ作り、なべに入れます。輪の中に卵を割った中身を入れ、卵が固くなるまで加熱します。

プレートに卵白とひき割り玄米を盛ってピーマンの輪とプチトマトを添えてお召し上がりください。

１人前の栄養価: 495kcal, プロテイン 45g, 炭水化物 45g (食物繊維 3g, 糖分 7g), 脂質 11g(飽和脂肪 3g), カルシウム 9%, 鉄 14%, マグネシウム 20%, ビタミン A 35%, ビタミン C 32%, ビタミン B2 91%, ビタミン B5 22%, ビタミン B6 12%, ビタミン B12 15%。

6.　アーモンドミルクスムージー

このアーモンドミルクスムージーはビタミン D と B1 が豊富で、１０分あればできます。 多めに作って冷凍庫に取っておけば、手軽に朝食を済ませられるようになるでしょう。

材料(２人前)：

アーモンドミルク 1 カップ

冷凍ミックスベリー1 カップ

ほうれん草 1 カップ

バナナ味のプロテインパウダー1 杯

チアシード小さじ 1

準備時間；１０分

調理不要です

作り方:

全ての材料をミキサーで滑らかになるまで混ぜ、コップ２杯についでお召し上がり下さい。

１人前の栄養価: 295kcal, プロテイン 26g, 炭水化物 32g (食物繊維 4g, 糖分 13g), 脂質 9g(飽和脂肪 3g), カルシウム 40%, 鉄 20%, マグネシウム 12%, ビタミン A 50%, ビタミン C 40%, ビタミン D 25%, ビタミン E 57%, ビタミン B1 213%, ビタミン B9 18%。

7.　プロテイン入りパンプキンパイ

小麦粉の換わりにオート麦を使用し、新鮮なかぼちゃを加えて作ります。ノンカロリーのシロップをかけて、プロテインが豊富な朝食をお楽しみください。

材料(１人前)：

伝統的なオート麦 1/3 カップ

パンプキン¼ カップ

卵白½ カップ

シナモン味のプロテインパウダー1 杯

シナモン小さじ½

オリーブオイルスプレー

準備時間：５分

調理時間：５分

作り方:

ボウルに全ての材料を入れて混ぜます。中位の大きさの調理なべにオリーブオイルをスプレーし、中火にかけます。

生地をなべに入れ、パンケーキの上に泡が出るようになったら裏返して下さい。両側がきつね色に焼きあがったら、お皿に移してお召し上がりください。

１人前の栄養価: 335kcal, プロテイン 39g, 炭水化物 37g (食物繊維 6g, 糖分 1g), 脂質 6g, カルシウム 14%, 鉄 15%, マグネシウム 26%, ビタミン A 60%, ビタミン B1 26%, ビタミン B2 37%, ビタミン E 57%, ビタミン B1 213%, ビタミン B2 37%, ビタミン B5 10%, ビタミン B6 31%。

8.　高プロテインのオートミール

長時間空腹にならずに済むくらい炭水化物と、プロテインパウダーとアーモンドからプロテインを摂取して１日のスタートを切れます。オートミールをフルーティーに味付けしたり、バナナ味のプロテインパウダーを使ったりしてもよいでしょう。

材料(１人前):

インスタントオートミール 2 袋 (28g ずつ)

粗引きアーモンド¼カップ

バニラ味プロテインパウダー1 杯

シナモン小さじ 1

準備時間：５分

調理時間：５分

作り方:

ボウルにインスタントオートミールを入れ、プロテインパウダー、シナモンを加えます。そこに熱湯を入れて混ぜて下さい。粗引きアーモンドをのせてお召し上がりください。

１人前の栄養価: 436kcal, プロテイン 33g, 炭水化物 45g (食物繊維 10g, 糖分 4g), 脂質 15g(飽和脂肪 1g), カルシウム 17%, 鉄 19%, マグネシウム 37%, ビタミン E 44%, ビタミン B1 21%, ビタミン B2 21%。

9.　プロテイン入りスクランブルエッグ

このレシピからプロテイン 51g が取れるので、筋肉に効果的で、ハードなワークアウトに対応できます。野菜と七面鳥を添えた卵白のスクランブルエッグで、炭水化物と、ビタミンを大量に摂取できます。

材料(１人前):

卵白 8 個

七面鳥のソーセージ 2 本(ぶつ切り)

タマネギ(大)1 個 (さいの目切り)

赤ピーマン 1 カップ(さいの目切り)

トマト 2 個(さいの目切り)

生ほうれん草 2 カップ

オリーブオイル小さじ 1

塩・コショウ

準備時間：１０分

調理時間：１０～１５分

作り方:

卵白と塩・コショウを泡立つまで混ぜておきます。

こびりつき防止加工済みの大きめのフライパンに油を入れて熱し、タマネギとコショウを入れて柔らかくなるまでソテーします。塩・コショウで味を調えます。七面鳥のソーセージを加え、焼き色がつくまで加熱したら、弱火にして卵白を入れ、スクランブルエッグにします。

卵白がある程度固まったら、トマトとほうれん草を入れて２分間調理し、お召し上がりください。

１人前の栄養価: 475kcal, プロテイン 51g, 炭水化物 37g (食物繊維 10g, 糖分 18g), 脂質 10g, カルシウム 14%, 鉄 23%, マグネシウム 37%, ビタミン A 255%, ビタミン C 516%, ビタミン E 25%, ビタミン K 397%, ビタミン B1 22%, ビタミン B2 112%, ビタミン B3 29%, ビタミン B5 19%, ビタミン B6 51%, ビタミン B9 65%。

10. フルーツとピーナッツバターのスムージー

このイチゴ味のスムージーで１日分のカルシウムをおいしく摂取しませんか？ミネラル、ビタミン、プロテインにエネルギー補給できる炭水化物も入っています。１日の初めにぴったりのスムージーです。

材料(１人前):

苺(中)15 個

ピーナッツバター小さじ 1 1/3

豆腐 85g

無脂肪ヨーグルト½ カップ

スキムミルク¾ カップ

プロテインパウダー1 杯

氷 8 個

準備時間：５分

調理不要

作り方:

ミキサーに最初にミルクを入れ、次にヨーグルトと残りの材料を加えます。材料がよく混ざって泡立つまで混ぜて下さい。コップに入れてお召し上がりください。

１人前の栄養価: 472kcal, プロテイン 45g, 炭水化物 40g (食物繊維 6g, 糖分 31g), 脂質 13g(飽和脂肪 4g), カルシウム 110%, 鉄 35%, マグネシウム 27%, ビタミン A 30%, ビタミン C 190%, ビタミン B2 24%, ビタミン B5 10%, ビタミン B6 18%, ビタミン B9 17%, ビタミン B12 12%。

11.　ホエイプロテイン入りマフィン

このマフィンにはオートミールとチョコ味のホエイプロテインパウダーが適切な分量が入っています。通常のオートミールに代わって朝食を楽しめるでしょう。ミルク１杯と一緒に食べれば、カルシウム、ビタミンD、プロテイン、炭水化物を豊富に摂れます。

材料 (マフィン 4 個分-2 人前):

挽いたオート麦 1 カップ

卵(大)1 個

卵白 5 個

チョコ味ホエイプロテインパウダー½杯

オリーブオイルスプレー

低脂肪乳 2 杯(付け合わせ用)

準備時間：２分

調理時間：１５分

作り方:

オーブンを１９０度に温めておきます。

全ての材料を３０秒間混ぜ合わせます。マフィン型にオリーブオイルをスプレーし、生地からマフィン４個を練り、１５分間オーブンで焼いて下さい。

オーブンから出し、冷めたらミルク１杯と一緒に頂きます。

１人前の栄養価(ミルクを含む): 330kcal, プロテイン 28g, 炭水化物 37g (食物繊維 9g, 糖分 13g), 脂質 6g(飽和脂肪 5g), カルシウム 37%, 鉄 2%, マグネシウム 19%, ビタミン A 12%, ビタミン B1 26%, ビタミン B2 37%, ビタミン E 57%, ビタミン B1 44%, ビタミン B2 66%, ビタミン B5 25%, ビタミン B6 11%, ビタミン 12 24%。

12. スモークサーモンとアボカドのトースト

ワークアウトに負担を感じていますか？このおいしい朝食は５分で仕上がります。サーモンとアボカドには体に良い酸が豊富に含まれているので、やる気付けに最適です。

材料(２人前):

スモークサーモン 300g

熟したアボカド(中)2 個(皮をむく)

レモン半分の果汁

タラゴンの葉 数束(ぶつ切り)

全粉粒パンのスライス 2 枚(トーストする)

準備時間：５分

調理不要

作り方:

アボカドをぶつ切りにし、レモン果汁をかけます。スモークサーモンを折り曲げてプレートに盛り、アボカドとタラゴンをのせます。トーストしたパンを添えてお召し上がりください。

１人前の栄養価: 550kcal, プロテイン 34g, 炭水化物 37g (食物繊維 12g, 糖分 4g), 脂質 30g(飽和脂肪 5g),鉄 17%, マグネシウム 24%, ビタミン C 25%, ビタミン E 27%, ビタミン K 42%, ビタミン B1 16%, ビタミン B2 24%, ビタミン B3 55%, ビタミン B5 35%, ビタミン B6 40%, ビタミン B9 35%, ビタミン B12 81%。

13.　低炭水化物の’ピザ’Low-carb

今回は高カロリーで栄養価が低いピザは作りません。健康的でお腹に溜まるおいしい変わりの食べ物を、たった２０分で作ります。プロテイン、ミネラル、ビタミンが豊富ですよ。

材料(１人前):

全粉粒のピタパン(小)1 個

卵白 3 個

卵 1 個

低脂肪モッツァレラチーズ¼カップ

新タマネギ 1 個(スライス)

キノコ¼カップ(さいの目切り)

パプリカ¼カップ(さいの目切り)

七面鳥のベーコン 2 枚(ぶつ切り)

オリーブオイル小さじ 1

塩・コショウ

準備時間：１０分

調理時間：１０分

作り方:

卵を割って塩・コショウを振り、さいの目に切った野菜を加えて混ぜます。

ピタパンの端を丸め、ボウル状にします。全体にオリーブオイルを塗ったら、パンをグリルにのせて焼き色がつくまで焼きます。

先程混ぜた卵の材料をピタパンに入れ、卵にある程度火が通るまで加熱し、七面鳥のベーコン、新タマネギ、チーズを加えます。チーズが溶けるまで焼いてお召し上がりください。

１人前の栄養価: 350kcal, プロテイン 33g, 炭水化物 12g (食物繊維 3g, 糖分 4g), 脂質 15g(飽和脂肪 6g), カルシウム 32%, 鉄 19%, マグネシウム 15%, ビタミン A 36%, ビタミン C 88%, ビタミン K 72%, ビタミン B1 21%, ビタミン B2 71%, ビタミン B3 22%, ビタミン B5 14%, ビタミン B6 25%, ビタミン B9 25%, ビタミン B12 29%。

14. メキシカン・モカ・ブレックファスト

健康的なアーモンドミルク入りのオート麦の食べ物です。簡単にでき、食物繊維が豊富です。赤唐辛子を食らえると、オートミールの味が引き締まります。

材料(１人前):

ひき割りオート麦½ カップ

チョコ味プロテインパウダー1 杯

シナモン小さじ½

赤唐がらし小さじ½

無糖アーモンドミルク 1 カップ

無糖ココアパウダー小さじ 1

準備時間：５分

調理時間：３分

作り方:

電子レンジで使用できるボウルで全ての材料を混ぜて下さい。電子レンジで 2 ½ -3 分間焼いてお召し上がりください。

１人前の栄養価: 304kcal, プロテイン 27g, 炭水化物 38g (食物繊維 8g, 糖分 3g), 脂質 7g, カルシウム 32%, 鉄 15%, マグネシウム 25%, ビタミン A 10%, ビタミン D 25%, ビタミン E 51%, ビタミン B1 12%。

15. ブルーベリーレモンパンケーキ

温かくてお腹に溜まる朝食です。レモンの風味がすてきなブルーベリーのパンケーキは、手軽においしく１日のスタートを切れます。お好みでパンケーキの上にギリシャヨーグルトをのせてお召し上がりください。

材料(１人前):

オートブラン 1/3 カップ

卵白 5 個

ブルーベリー½カップ

無添加ホエイプロテインパウダー1 杯

ベーキングソーダ小さじ½

レモンピール小さじ 1

レモン飲料小さじ 1

オリーブオイルスプレー

準備時間：５分

調理時間：５分

作り方:

全ての材料を大きめのボウルに入れ、滑らかになるまでかき混ぜます。

表面に泡が出てくるまで、生地を強めの中火で加熱して下さい。裏返して裏がきつね色になるまで焼きます。パンケーキを取り出して、お召し上がりください。

１人前の栄養価: 340kcal, プロテイン 47g, 炭水化物 37g (食物繊維 6g, 糖分 14g), 脂質 5g, 鉄 10%, マグネシウム 25%, ビタミン C 12%, ビタミン K 19%, ビタミン B1 26%, ビタミン B2 58%。

瞑想前におすすめのランチ

16. 地中海風ライス

ツナ缶で午後の瞑想にぴったりなランチを作りましょう。炭水化物が豊富なので、午後のワークアウトにぴったりですし、プロテインが筋肉の修復にも効きます。

材料(１人前):

ツナ缶オイル漬け 1 缶(オイルを抜く)

玄米 100g

アボカド¼(ぶつ切り)

赤タマネギ¼(スライス)

レモン半分の果汁

塩・コショウ

準備時間：５分

調理時間：２０分

作り方:

玄米をおよそ２０分間沸騰させ、ボウルにオニオン、ツナ、アボカドを入れます。レモン果汁をしぼり、材料を全てかき混ぜます。お好みで塩・コショウを振ってお召し上がりください。

１人前の栄養価: 590kcal, プロテイン 32g, 炭水化物 80g (食物繊維 7g, 糖分 1g), 脂質 14g(飽和脂肪 5g), 鉄 22%, マグネシウム 52%, ビタミン D 101%, ビタミン E 18%, ビタミン K 107%, ビタミン B1 32%, ビタミン B3 134%, ビタミン B5 26%, ビタミン B6 39%, ビタミン B12 63%。

17.　スパイシーチキン

チキンは高プロテインで、筋肉の増強にぴったりです。この料理は栄養価が高いのに、手軽においしく作れます。お好きな炭水化物と一緒にどうぞ。

材料 (２人前):

骨なし胸肉チキン 3 本 (半分に切る)

低脂肪ヨーグルト 175g

5cm 四方のきゅうり(みじん切り)

タイ・レッドカレーペースト小さじ 2

コリアンダー小さじ 2

生ほうれん草 2 カップ(付け合わせ)

準備時間：５分

調理時間：３５～４０分

作り方:

オーブンを１９０度に温めておきます。お皿にチキンを薄くもりつけます。ヨーグルト 1/3、カレーペースト、コリアンダー2/3 を混ぜて、チキンにまんべんなく伸ばします。そのまま３０分間(または冷蔵庫で一晩)寝かせます。

チキンをラックにかけ、焦げ目がつくまで３５～３０分間ローストしましょう。

フライパンで水を沸騰させ、しんなりとするまでほうれん草をゆでます。

残りのヨーグルトとコリアンダーを混ぜ、そこにきゅうりを加えて混ぜ合わせます。チキンにかけて、調理したほうれん草と一緒にお召し上がりください。

１人前の栄養価: 275kcal, プロテイン 43g, 炭水化物 8g (食物繊維 1g, 糖分 8g), 脂質 3g(飽和脂肪 1g), カルシウム 20%, 鉄 15%, マグネシウム 25%, ビタミン A 56%, ビタミン C 18%, ビタミン K 181%, ビタミン B1 16%, ビタミン B2 26%, ビタミン B3 133%, ビタミン B5 25%, ビタミン B6 67%, ビタミン B9 19%, ビタミン B12 22%。

18.　ピタパンの卵サンド

サーモンをふんだんに使ったオメガ 3 脂肪酸 たっぷりのランチはいかがですか？ ビタミンとミネラルが豊富なので、一日中元気でいられますよ。

材料(２人前):

サーモン水漬け 1 缶(450g)

卵 2 個

新タマネギ(大)1 個(みじん切り)

レタスの葉(大)2 枚

プチトマト 10 個

ギリシャヨーグルト小さじ 1

全粒粉ピタパン(大)１個(半分に切る)

海塩とコショウ

準備時間：１０分

調理時間：１０分

作り方:

卵を茹で、殻を剥いて半分に切り、黄身を取り除いてボウルに入れます。

サーモンの缶詰め、ヨーグルト小さじ1、新タマネギ、調味料をボウルに加えます。 全ての材料を混ぜたら、白身を入れて下さい。ピタパンにトマトとレタスと具材を一緒に挟んでお召し上がりください。

１人前の栄養価: 455kcal, プロテイン 45g, 炭水化物 24g (食物繊維 3g, 糖分 2g), 脂質 36g(飽和脂肪 10g), カルシウム 59%, 鉄 22%, マグネシウム 21%, ビタミン A 30%, ビタミン C 24%, ビタミン K 43%, ビタミン B1 11%, ビタミン B2 36%, ビタミン B3 60%, ビタミン B5 20%, ビタミン B6 41%, ビタミン B9 20%, ビタミン B12 20%。

19.　チキンシーザーラップ

このチキンラップは持ち運びに便利で、１日分のプロテインを十分補給できます。小さなほうれん草入れれば緑が多くなります。

材料(１人前):

チキン胸肉 85g (焼く)

全粉粒トルティーヤ 2 枚

レタス 1 カップ

無脂肪ヨーグルト 50g

アンチョビペースト小さじ 1

乾燥マスタードパウダー小さじ 1

にんにく 1 片(加熱する)

きゅうり半分(ぶつ切り)

準備時間：５分

調理不要

作り方:

アンチョビペースト、にんにく、ヨーグルトを混ぜ、レタスときゅうりを入れてさらに混ぜます。具材を２つに分け、トルティーヤに盛ってチキンを片方ずつのせます。巻いてお召し上がりください。

１人前の栄養価(トルティーヤ２枚分): 460kcal, プロテイン 41g, 炭水化物 57g (食物繊維 7g, 糖分 9g), 脂質 10g(飽和脂肪 2g), カルシウム 11%,ビタミン K 22%, ビタミン B2 13%, ビタミン B3 59%, ビタミン B5 12%, ビタミン B6 29%, ビタミン B12 10%。

瞑想前におすすめの夕飯

20.　焼き鮭とアスパラガスのグリル

昔からある料理ですが、鮭をレモン果汁とマスタードのマリネで味付けしてユニークな風味を楽しみながら、にんにく風味のアスパラガスの芽を頂きます。プロテインとビタミンを豊富に摂取できます。

材料 (１人前):

天然サーモン 140g

アスパラガスの芽 1 ½ カップ

マリネ:

にんにく小さじ 1(みじん切り)

ディジョン風マスタード小さじ 1

レモン半分の果汁

オリーブオイル小さじ 1

準備時間：５分

調理時間：１５分

作り方:

オーブンを２００度に温めておきます。

ボウルで、レモン果汁、にんにくの半分、オリーブオイル、マスタードを混ぜ、このマリネをサーモンが浸るようにかけます。最低１時間はサーモンをマリネに漬けたまま冷蔵庫で保管します。

アスパラガスの芽の根元を切り、こびりつき防止加工済みの調理なべに入れて中火から今日日で加熱して下さい。残りのにんにくを入れ、５分ほど焦げ目がつくまで転がしながら炒めましょう。

鮭をベーキングシートにのせて１０分間焼き、アスパラガスを添えてお召し上がりください。

１人前の栄養価: 350kcal, プロテイン 43g, 炭水化物 7g (食物繊維 5g, 糖分 1g), 脂質 16g(飽和脂肪 1g),鉄 17%, マグネシウム 20%, ビタミン A 48%, ビタミン C 119%, ビタミン E 17%, ビタミン K 288%, ビタミン B1 39%, ビタミン B2 60%, ビタミン B3 90%, ビタミン B5 33%, ビタミン B6 74%, ビタミン B9 109%, ビタミン B12 75%。

21.　牛ミートボールパスタほうれん草添え

牛肉とほうれん草の組み合わせで、プロテインを豊富に摂れるパスタです。ビタミンを網羅しているだけでなく、筋肉の収縮を抑制するマグネシウムも摂取できます。

材料 (２人前):

ミートボール:

牛肉 170g（粗引き）

生ほうれん草½カップ（細長く切る）

にんにく小さじ 1（みじん切り）

赤タマネギ¼ カップ（さいの目切り）

クミン小さじ 1

海塩・コショウ

パスタ:

ほうれん草パスタ 100g

プチトマト 10 個

生ほうれん草 2 カップ

マリナラソース¼カップ

低脂肪パルメザンチーズ小さじ2

準備時間：１５分

調理時間：３０分

作り方:

オーブンを２００度に温めておきます。

粗引きの牛肉、生ほうれん草、にんにく、赤タマネギ、塩・コショウを混ぜて下さい。ほうれん草が完全に肉と混ざるまで、手でよくこねます。

同じ大きさのミートボールを２個か３個作り、ベーキングシートに並べてオーブンで１０～１２分間焼きます。

パスタのパッケージの手順に沿ってパスタを調理して下さい。パスタを水切りし、トマト、ほうれん草、チーズ、ソースに入れて混ぜ、ミートボールを添えてお召し上がりください。

１人前の栄養価: 470kcal, プロテイン 33g, 炭水化物 50g (食物繊維 6g, 糖分 5g), 脂質 12g(飽和脂肪 5g), カルシウム 17%, 鉄 28%, マグネシウム 74%, ビタミン A 104%, ビタミン C 38%, ビタミン E 11%, ビタミン K 361%, ビタミン B1 16%, ビタミン B2 20%, ビタミン B3 45%, ビタミン B5 11%, ビタミン B6 45%, ビタミン B9 35%, ビタミン B12 37%。

22.　鶏胸肉の玄米詰め

玄米からは上質の炭水化物を摂取できます。高プロテインの鶏胸肉、野菜と組み合わせれば、最高のランチにもなります。

材料(１人前):

鶏胸肉 170g

生ほうれん草½カップ

玄米 50g

新タマネギ 1 個(さいの目切り)

トマト 1 個(スライス)

フェタチーズ小さじ 1

準備時間：１０分

調理時間：３０分

作り方:

オーブンを１９０度に温めておきます。

鶏胸肉に真ん中まで切り込みを入れ、蝶のような形にします。肉に塩・コショウで味を付け、開いてほうれん草、フェタチーズ、トマトのスライスを順にのせていきます。肉を畳んで開かないように楊枝で刺し、２０分焼いて下さい。

玄米を沸騰させ、にんにくとタマネギのぶつ切りを加えます。プレートに玄米を敷き、そこにチキンを置いてお召し上がりください。

１人前の栄養価: 469kcal, プロテイン 48g, 炭水化物 46g (食物繊維 5g, 糖分 6g), 脂質 8g(飽和脂肪 5g), カルシウム 22%, 鉄 18%, マグネシウム 38%, ビタミン A 55%, ビタミン C 43%, ビタミン K 169%, ビタミン B1 28%, ビタミン B2 28%, ビタミン B3 103%, ビタミン B5 28%, ビタミン B6 70%, ビタミン B9 23%, ビタミン B12 17%。

23.　海老とズッキーニのリングイネサラダ

こちらの料理は通常のパスタの替わりになります。スレッド状に切ったズッキーニ、茹でた海老をゴマで味付けします。この材料の組み合わせは、高タンパク質のランチにもなります。

材料 (１人前):

茹でた海老 170g

ズッキーニ(大)1 本(ぶつ切り)

赤タマネギ¼カップ(スライス)

パプリカ 1 カップ(スライス)

ローストしたゴマバター小さじ 1

ゴマ油小さじ 1

ゴマ小さじ 1

準備時間：１０分

調理不要

作り方:

生のリングイネになるよう、ズッキーニをシュレッダー状に切り ます。

ボウルでゴマバターとゴマ油を混ぜ合わせます。

材料を全て大きなボウルに入れ、ローストしたゴマバターを入れて全体をソースとよくからませせます。ゴマ油を少々入れ、お召し上がりください。

１人前の栄養価: 420kcal, プロテイン 45g, 炭水化物 26g (食物繊維 10g, 糖分 12g), 脂質 18g(飽和脂肪 2g), カルシウム 19%, 鉄 47%, マグネシウム 48%, ビタミン A 33%, ビタミン C 303%, ビタミン E 17%, ビタミン K 31%, ビタミン B1 38%, ビタミン B2 36%, ビタミン B3 38%, ビタミン B5 13%, ビタミン B6 66%, ビタミン B9 35%, ビタミン B12 42%。

24.　全粉粒クスクスの七面鳥ミートローフ

この七面鳥のミートローフはマフィン型で焼きます。飽和脂肪の摂取を最小限に留めています。タマネギの替わりにパプリカやキノコを入れるか、にんにくのみじん切りをひとつまみ入れても良いでしょう。

材料 (１人前):

牛の赤身 140g(ひき肉)

赤タマネギ¾カップ(さいの目切り)

生ほうれん草 1 カップ

減塩マリナラソース 1/3 カップ

全粉粒のクスクス½ カップ(沸騰させる)

調味料のオプション: パセリ、バジル、コリアンダー

塩・コショウ

オリーブオイルスプレー

準備時間：５分

調理時間：２０分

作り方:

オーブンを２００度に温めておきます。

七面鳥をお好みで味付けし、さいの目切りのタマネギを入れます。

マフィン型にオリーブオイルを軽くスプレーし、七面鳥のひき肉を入れます。肉の上にマリナラソース小さじ 1 ずつかけ、オーブンで８～１０分間焼きます。

クスクスを添えてどうぞ。

１人前の栄養価: 460kcal, プロテイン 34g, 炭水化物 53g (食物繊維 4g, 糖分 7g), 脂質 12g(飽和脂肪 4g), カルシウム 12%, 鉄 15%, マグネシウム 10%, ビタミン A 16%, ビタミン C 15%, ビタミン E 11%, ビタミン K 16%, ビタミン B1 11%,ビタミン B3 25%, ビタミン B6 16%, ビタミン B9 11%。

第７章:ボディービルディングに視覚化を取り入れる意義

視覚化の意義

視覚化とは、対象物への道を模索して達成するために、心の中にあるイメージを概念化することです。試合中はご自身が好きなようにパフォーマンスされていると思いますが、視覚化では想像力と心を使います。”想像できれば、達成できる”という言われと一緒です。

視覚化に正しい、または間違っている方法はありません。快適な場所を選んで、座ったり、椅子に腰かけたり、マットやタオルをひいてみたりして下さい。瞑想と一緒です。

視覚化は瞑想より１段階上の行為です。ですから、プロセスは瞑想とよく似ています。

視覚化には様々な種類があります。その仮名でも一般的なのは動機付けの視覚化、問題解決の視覚化、目標志向型の視覚化の３つです。

選手は気付かない内に視覚化を実施していることもあります。眼がさめている間に視覚化することもあれば、夢の中で視覚化していることもありますが、結果をコントロールできていません。

視覚化する時、イメージや心のビデオを再生し、想像します。想像する内容には以下の例があります:

- 見栄え。
- 服装。
- 動作。
- パフォーマンス。
- 今の感情。
- 今の精神状態。
- 試合の結果。

見えているもの全てを心でコントロールし、最初から最後までご自身の好きな通りに思い描いて下さい。現実では計画通りに物事が進まないこともあるので、創造的でいることは大切ですが、結果や状況に対する精神的な準備が出来ていれば、試合が楽になります。ピークパフォーマンスとは、最善の状態で”完全に集中”していることを指します。視覚化で心の準備が出来た後に試合に臨めば、容易にピークの状態にもっていくことが出来ます。

動機付けに視覚化が有効な理由

プレッシャーを感じている時は、適切な動機を見いだせずに、周囲の状況を恐れてすべきことをできずにいる場合があります。視覚化で心にイメージを描いてご自身に言い聞かせることで、試合で脳が感じる恐れ、不安、緊張、プレッシャーから解放されます。

目標志向型の視覚化とは

目標志向型の視覚化では、特定の物事を達成することに集中して心にイメージや動画を描き、視覚化をおこないます。試合で勝利したり、タイムを更新したり、一日のトレーニング時間を増やしたり、食事にプロテインをもっと取り入れたり、あまり疲れないようにしたりなど、自由に目標を決めて下さい。結果に基づいた目標でも、パフォーマンスに基づいた結果でも構いません。いずれも視覚化の大切な材料です。

これらの目標を設定し、訓練に励んで下さい。大変ですが、良い結果を得られるでしょう。視覚化を使用した訓練は、試合準備の肝となります。心と体を準備し、最善の試合をしましょう。栄養摂取と身体訓練で体の準備が出来ます。瞑想、呼吸パターン、及び視覚化で脳を鍛えることが出来ます。両者を組み合わせれば、競争で非常に優位な立場に立てるでしょう。

第８章: 瞑想でボディービルディングの結果を最大限に伸ばそう

瞑想でご自身の能力を最大限まで引き出すには、対象物に気付くまでなるべく長時間考えや課題に集中する能力を身につけることが大切です。これで将来の課題に対する自信や信念が付きます。

瞑想して最大限の結果を引き出すには、以下のステップを常に実践して下さい。ステップを変えたり飛ばしたりすると、瞑想セッションの結果まで変わってしまいます。

ステップをご紹介します:

1st: 気が散らない、静かな場所を見つける。

2nd: 瞑想する場所にマット、タオル、ブランケット、椅子を用意する。

3rd: 瞑想する１時間ほど前に、軽食を取っておく。

4th: セッション中、ご自身にとって快適な姿勢を選択して下さい。椅子に腰かけたり、マットに寝そべったりして、ビルマ姿勢、蓮華座、バタフライポジションなど、快適な姿勢を取り入れましょう。

5th: 呼吸パターンを開始して下さい。リラックスして落ち着きたい時は、息を吐く量を吸う時より多くして下さい。ただし、瞑想で心の集中をしている時は、上記を気にせずにシンプルに呼吸を続けて下さい。例えば、４秒間息を吸って、６秒間はいて下さい。リラックスしたい場合や起きたばかりでエネルギッシュになりたい方は、息を吸う量を吐く量より多めに設定しましょう。例えば、５秒間息を吸って、３秒間はいて下さい。少なくとも４～６回はパターンを繰り返し、心を落ち着かせて瞑想できるように準備しましょう。呼吸のみを重視する心の集中では鼻呼吸のみですが、それ以外の呼吸パターンでは全て鼻から吸って口から吐きます。

6th: 呼吸パターンを上記の手順通りに終えたら、達成したいものに集中したり、心の中でそのイメージを思い描いたりしましょう。なるべくその状態を長時間キープして下さい。セッションが短くなると短期の結果しか出ないので、長時間集中することで瞑想語でも同等の集中を保てるようになります。選手は試合に臨むとき(特にプレッシャーを感じている場合)、勝つために集中力をなるべく長く保つ必要があります。**これが勝者と敗者の違いを決定付けるものになります!**

7th: 集中している対象物について、それを達成する過程のイメージを実際の生活に当てはまるように思い描いてみましょう。なるべく特定の事だけに集中し、ずっとリラックスしていて下さい。この７番目のステップでは視覚化も用いますが、シンプルでよいので、なるべく取り入れるようにして下さい。

8th: 選手の皆さんは、開始と一緒で、瞑想を終える時も呼吸パターンを使用して下さい。その日に試合がなかったら、下記のような遅めの呼吸パターンを使用して下さい:

遅めの通常呼吸パターン: ５つ数えながら鼻からゆっくりと息を吸います。そして、５から１まで数えながらゆっくりと吐きだします。完全にリラックスし、集中できる状態になるまで４～１０回繰り返して下さい。この呼吸パターンを使用する場合、選手は鼻から息を吸い、口から吐くようにして下さい。

その日に試合があり、身体共にエネルギッシュでいる必要がある時は下記の呼吸パターンがおすすめです:

速めの通常呼吸パターン: ５つ数えながら鼻からゆっくりと息を吸います。そして、３から１まで数えながらゆっくりと吐きだします。完全にリラックスし、集中できる状態になるまで６～１０回繰り返して下さい。この呼吸パターンを使用する場合、選手は鼻から息を吸い、口から吐くようにして下さい。

瞑想で心の集中をしたい選手は、一度瞑想を終えた後に行うとよいでしょう。瞑想は呼吸法より心の落ち着きに集中するからです。

信じていないと効果は出ません。ですから、忍耐強く継続しましょう！

第 9 章: 精神面の強化に役立つ瞑想

試合のたびに、精神的に疲れ切ってしまうでしょう。精神的なハードルを克服するには、精神的なストレスに打ち勝つ心構えをしておくことが大切です。

トレーニングでは順調でも、試合中に精神的なストレスで打ちのめされてしまう選手がいますが、瞑想でこの精神的ストレスを改善することが出来ます。叫んだり、苦情を言ったり、突っ伏したり、自尊心を低めたり、泣いたり、緊張したりする方がいらっしゃいます。これはプレッシャーを感じている時によくあることですが、瞑想で簡単に解決できます。瞑想中に集中するのによい課題と解決策を見ていきましょう。

試合中に不安になるのはなぜ?

不安感の原因には様々な物があります。試合に十分準備を取れなかったことが理由の方もいます。このような問題には、心の準備ができるまで準備を続けましょう。準備が出来ていない状態で試合に出場しないようにしましょう。

今までの結果を振り返らず、改善せずに他の選手と自分を比べて不安になる方もいらっしゃいます。トレーニングで改善することに集中し、瞑想して心の準備が出来るようにしましょう。

試合中に自分と相手に対して怒りを感じるのはなぜ？

プレッシャーを感じている時に手の着けようもない怒りがこみ上げてくるのは選手によくあることです。失望の結果怒りを感じることがあります。試合中にご自身、他人、身近な人々に怒りの矛先が向いてしまうこともあります。さらに、コントロールが不可能な周囲の環境にも怒る人がいます。

瞑想中、このような環境をコントロールできないものとして受け入れるようになり、問題を解決できます。さらに、代替案を考え付くこともあります。天候、騒音、遅延など、起こり得る状況にも準備しておけば対処できるようになります。

ご自身でコントロールでき、怒りを感じずに済むこともあります。

試合するときに一緒に来てほしくない人がいたら、丁寧に試合が終わって優勝の感動を分かち合うまで待って欲しいと頼みましょう。その方たちがあなたの事を思っていれば、分かってくれるでしょう。

思い描いていたように試合が運ばなかったことで怒っている場合、瞑想すればもっとうまく計画を立て、コツコツと準備し、ご自身の真の力を発揮できるようになります。

試合中に恐れを感じるのはなぜ?

恐怖感は全ての選手に共通して起こる感情です。脅威に対する人間的な感情です。恐れには様々な形態や規模があります。心の中で架空のイベントや物事を作って恐れを感じることもあります。実際に起こりうることもありますが、全く起こらない事もあります。復唱します：”実際に起こりうることもありますが、全く起こらない事もあります。”

将来の結果に対する不安があるだけで精神的に疲れてしまいます。将来の成果は現在の計画と適切な準備にかかっています。目標に基づいた結果に集中してそれを試合中に達成すれば、目標に合った結果が得られます。

例えば、どのような状況でも前向きで順応できるようになるよう集中すれば、困難な状況を克服し、良い結果を得られるようになります。信じ続け、諦めなかった結果です。

ちょっとしたことでも、それを深く考えすぎて大きな問題に仕立てあげて考えてしまった結果、強い恐れを感じることもあります。このような状況を克服できないように心を追いやってしまってしまうことになります。丘を上っている時は、丘をエベレストに見立てないようにしましょう。始める前に辞めたくなってしまうからです。

そのような環境や問題には適度な注意を払う程度に留めておきましょう。瞑想して一つ問題が解決できたら、次の課題に集中しましょう。1%より少ない確率で起こるような結果を 100%解析する必要はありません。

瞑想中、ご自身のイメージではご自分を違うように捉えようとします。理想の姿に近いイメージを思い描いて下さい。例えば、自信に満ち溢れ、完璧で挑戦的な人になってもよいでしょう。

他人を過大評価せず、自分を過小評価しないようにしましょう。恐れよりも自信過剰、それに自信過剰よりもご自身に確信を持っている方が良いです。バランスを保ち、心にイメージを描いて、それに基づいた生活を送りましょう。

プレッシャーを感じている時に緊張する理由は?

緊張は身体に良い影響を及ぼします。なぜよいのでしょう？緊張すると、いつもと違って試合で最善を尽くすことが出来る人もいます。また、体からアドレナリンが分泌され、感覚や身体能力が研ぎ澄まされることもあります。

緊張すると、上記とは正反対の結果がでることもあります。固まって動けなくなるのです。

瞑想中、呼吸パターンを改善すれば体の空気の流れをコントロールできるようになります。これで緊張と感情全般に大きな効果をもたらすことが出来ます。

プレッシャーを感じている時にできる３つの対処法をご紹介します:

1. 深呼吸して心拍数を減らす。 (瞑想は深呼吸の良い練習になり、緊張している時にも役立ちます) 。
2. 活動的でいる。動かずに、固まってしまうとよい結果が出ません。 活動的になって、平静を保ちましょう。ガムやヒマワリの種を噛んだり、足を動かしたり、音楽を聴いたり、読書したり、おしゃべりしたりするとよいでしょう。他にも方法はありますが、ご自身に合ったものを選びましょう。
3. 前向きに考える。瞑想すると心身共に落ち着き、リラックスできるので、前向きな考えに集中できるようになります。瞑想セッションで前向きな考えを身に付けましょう。

第１０章: 逆境に耐えられる瞑想

精神の強さとは?

精神的に強いといえば、様々な意味がありますが、選手にとってはプレッシャーに負けず、心の強さを持ってチャレンジに立ち向かえることを指します。

精神的強さは大切ですか？

はい、とても大切です。上達していくにつれ、身体のパフォーマンスは向上しても、精神的に将来の結果をコントロールできていない事があります。精神的に強いと、このような将来の結果をコントロールでき、瞑想中に得た精神的強さで最大の力を発揮できるようになります。

ボディービルディングで精神的強さを生かすには？

ボディービルディングでは、時間をかけて精神的強さを養っていきますが、試合に確実に役に立ちます。精神的強さは様々な面で役立ちます。プレッシャーを感じる場面でも平静でいられますし、パフォーマンスの向上にもつながります。最後に、体力が消耗しても試合に耐えられるようになります。

ボディービルディングに役立つ、精神的強さを養う方法を３つご紹介します:

1. **心の言葉を適切に使う。**私達は心の中で会話をすることがあり、内容によって行動に大きな影響を与えます。 例えば、体に”諦めないで”と語りかけるのは否定的ですが、”もっと進もう”と語りかけると、前向きになります。前者だと、”諦めないで”と言っていても脳は”諦める”という要素を聞きとってしまいます。これは脳の構造なので、仕方ありません。後者は”もっと進もう”なので、脳も進んでいきます。短いとよいというわけではなく、使う言葉が重要です。発生しない方がよい言葉を口にし、脳に伝えましょう。
2. **自信に満ちた自分を想像する。**真っ直ぐに立ち、手と表情をリラックスさせ、物怖じせずに試合に立ち向かうには精神的なアプローチを調節すれば、潜在的な成果を出せます。100%補償します。ご自身が自信に満ち溢れた状態をイメージすれば、脳に自信がみなぎり、自信をもって行動できるようになります。
3. **行動をプレビューする。**純粋に直感に従うのと、完璧な方法を模索して行動するのは全く異なったアプローチですが、どちらか一方がさらによい結果をもたらすことがあります。行動する前にプレビューするのと、視覚化を用いるのは似ていますが、行動する直前に短いイメージを心に描く点で異なっています。瞬間的なイメージをし、瞬間的に行動に移します。目を閉じて３つ数え、必要に応じてもう数秒間延長し、達成したい行動を取る自分を見て下さい。そして芽を開き、すぐに行動に移します。今までになく忠実に行動できているはずです。

精神的強さについて瞑想している時は、上記に記載したような詳細なスキルを訓練しているので、精神的苦難に陥った時に役立て、他人が奮闘している間に克服できるようになります。

第１１章: 問題解決に役立つ瞑想

瞑想で問題解決に取り組む意味

問題に直面した時、頭で解決策を考えることもできますが、様々な考えを巡らせてあらゆる手段を同時にするのは不可能です。瞑想と適切な呼吸パターンを実践してゆっくりと考え、落ち着くことで、１つの問題に集中できるので、解決の糸口を見出すことが容易になります。

これが瞑想の最大の効果です。物事をシンプルな考えで捉え、その考えだけに集中できます。解決する手段を考える時は、いつも前向になりましょう。

瞑想する時間を取ることは、問題を解決する方法のみを集中して考えていることにもなります。

これは多くの選手が見すごしがちな利点であり、瞑想をせず解決策を出せない事から、人生に渡っても訂正できない誤りを犯してしまうことになりかねません。

瞑想すると、どんな問題を解決できますか?

どんな問題でも心で分析できます。すぐに解決策を思い浮かぶこともあれば、長期間、あるいは結局解決策が見つからない場合もあります。集中する時間が取れれば、脳は求めている物を見つけられます。時間が取れなくて解決策が見つからず、その問題に集中できなかったら深刻な問題になります。

問題の解決に役立つ瞑想が大切な理由

選手はつねに挑戦し、新たな問題と困難を乗り越える立場にいます。新たな挑戦を乗り越える準備が出来ていなかったら、問題の解決は全て運頼みになってしまいます。そんなことはできません。”幸運は準備できている人の元にだけ舞い降りる”ものです。逆に、幸運が舞い降りるように準備をしましょう。

問題を解決する時に念頭に入れておくべきことを以下に挙げます：

1. 問題を過剰に分析しすぎて実際より大きなこととして捉えてしまう。
2. 瞑想ですぐに解決策が見つからなくても、また挑戦してみて下さい。同じ問題について瞑想を続ければ、２度目か３度目に解決策を見いだせることがあります。
3. 全ての問題には解決策があります。瞑想すれば、問題の解決策を模索出来ますが、常に謙虚な姿勢を保ち、アドバイスを聞いたり、助けを求めたりすることが大切です。

4. 中には解決できない問題もあります。注目に値しない小さな問題は、考えるのをやめてもっと結果に関わってくる大切な問題に移りましょう。
5. 瞑想で様々な解決策を思いつくことがありますが、イメージや精神的な動画を再生する視覚化を実施すると、さらに有効な場合があります。

問題解決に瞑想を取り入れると効果的ですが、それ以外に瞑想中の過ごし方も有効活用し、最大限の結果を引き出せるようにしましょう。精神勝負なので、一定の時間内で最高の集中が出来るようにし、効果が下がったらセッションを止めるとよいでしょう。

最後に

選手にとって、瞑想は改善手段です。身体訓練は一般的ですし、次々と新しい訓練が出回っていますが、精神状態を改善していけば、ずっと結果によい影響を与え続けられるでしょう。精神機能を高めた選手は将来を見据えており、これに乗じるかはあなた次第です。本当にあなた次第です！早速瞑想を初めて人生が変わるような効果を実感しましょう。

著者の書籍一覧

The Ultimate Guide to Weight Training Nutrition: Maximize Your Potential

By Joseph Correa

Becoming Mentally Tougher In Bodybuilding by Using Meditation: Reach Your Potential by Controlling Your Inner Thoughts

By Joseph Correa